Ingrid Decker

Totenkult in Mexiko

Día de Muertos

AQUENSIS®

Die Autorin

Ingrid Decker lebte mehrere Jahre in Mexiko und war sogleich fasziniert von der mexikanischen Kultur. Neben der Archäologie und der Kunst von Diego Rivera und Frida Kahlo hat sie sich intensiv mit den Traditionen des mittelamerikanischen Landes auseinandergesetzt. Vor allem der Totenkult, der im Herbst jeden Jahres am Día de Muertos ganz Mexiko in seinen Bann zieht, ist in den Mittelpunkt ihres Interesses gerückt. Heute lebt sie in der Nähe von Baden-Baden.

Impressum

Ingrid Decker: Totenkult in Mexiko – Día de Muertos

6. Auflage 2023

Bildnachweise:
Umschlagseite: Detail einer mexikanischen Handtasche.
S. 4 und S. 6 links oben: Ingrid Hossfeld; S. 6: unten links Jearu – Fotolia.com; S. 7: Stephan von Mikusch – Fotolia.com; S. 10, S. 13 links unten, S. 14, 16 rechts, 17 links, S. 19, S. 40, S. 44: Chris Schmick; S. 11 oben: Gerardo Borbolla – Fotolia.com; Dto. unten rechts: Brigitte Roth; S. 21, 25, 35 und 50: © Banco de México Diego Rivera Frida Kahlo Museums Trust / VG Bild-Kunst, Bonn 2015; S. 49: Archiv Gustav Regler, Merzig-Saar/Germany; hintere Umschlagseite: Cristina Kahlo
Umschlagseite sowie alle nicht aufgeführten Seiten: Fotos Ingrid Decker

Quellenhinweise:
1) Paz, Octavio: Das Labyrinth der Einsamkeit, Suhrkamp Verlag, Frankfurt am Main 1998.
2) Ximénez, Francisco: Popol Vuh – Das Buch des Rates. Aus dem Quiché übertragen von Wolfgang Cordan, Eugen Diederichs Verlag, München 1993.
3) Sahagún, Bernadino de: La Historia Universal de las Cosas de Nueva Espania, (Florentiner Codex; verfasst zwischen 1545 – 1590).
4) Kollonitz, Paula: Eine Reise nach Mexiko im Jahre 1864. Verlag Karl Gerold's Sohn, Wien 1867.
5) Billeter, Erika (Herausg.): Einsame Begegnungen – Lola Alvarez Bravo fotografiert Frida Kahlo. Benteli Verlag, Bern 1992.
6) Westheim, Paul: Der Tod in Mexiko – La Calavera. Verlag Müller & Kiepenheuer, Hanau/M. 1987.
7) Herrere, Hayden: Frida. Editorial Diana, Mexico 1998 (Übersetzung: I. Decker).
8) Regler, Gustav: Mexikanischer Totentag. Textauszug aus dem Tagebuch. Copyright: Archiv Gustav Regler, Merzig-Saar/ Germany
9) Artes de Mexico, Heft Nr. 15: EL ARTE RITUAL DE LA MUERTE NIÑA. 2. Edition 1998.

Lektorat: Gereon Wiesehöfer

Printed in Germany; ISBN 978-395457-142-0
www.aquensis-verlag.de

Inhalt

Vorboten

Wenn sich Ende Oktober der lange Sommer mit der damit einhergehenden Regenzeit verabschiedet, überfliegen riesige Schwärme orange-schwarz leuchtender Monarchfalter die Landschaft Zentral-Mexikos, um nach ihrem wochenlangen Zug aus Kanada und dem Norden der Vereinigten Staaten von Amerika in den Oyamel-Pinien der Bergwälder des Staates Michoacan ihr Winterquartier aufzusuchen. Die Schmetterlinge gelten als Vorboten der Totentage, die Anfang November alle Mexikaner in eine besondere Stimmung versetzen – einer Mischung aus Trauer und Heiterkeit. Diese mexikanische Tradition ist in ihrer Art ebenso einzigartig wie die weite Reise der Schmetterlinge: Die Menschen früherer Kulturen glaubten, dass mit den Monarchfaltern die verstorbenen Seelen zu ihren Verwandten zurückkehren. Ende Februar verlassen die Falter ihre Winterquartiere und paaren sich auf ihrem Zug gen Norden. Die männlichen Exemplare sterben bald nach der Paarung; die Weibchen legen auf ihrer Wanderung ihre Eier in Wolfsmilchgewächsen ab. Nachdem sie auf diese Weise das Überleben ihrer Art gesichert haben, sterben auch sie.

Vorbereitung

An den Totentagen gehört auf jede Ofrenda (Totengabentisch) die sonnengelbe Cempasúchil-Blume (Tagetes), deren intensive Farbe die Trauerfarbe der Mexikaner ist – fröhlich und gleichermaßen tief traurig –, ferner die dunkelrote Terciopelo-Blume (Samt); beide dienen als Schmuck- und Totenkult-Elemente. Aber beide Blumen gelten auch als Heilpflanzen. Zusammen mit Copal (ist dem Weihrauch ähnlich) sollen sie die Ofrenda sowie den Grabstein von bösen Geistern reinigen. In ländlichen Gegenden werden darüber hinaus gerne Tagetes-Blüten auf den Weg vom Friedhof bis zum Haus des Toten gestreut.

"AVICOLA
360

Ab Anfang Oktober wird das Totenbrot gefertigt: ein rund geformtes Hefeweißbrot in Form von überkreuzten Knochen. Es ist – neben anderem Naschwerk – fester Bestandteil jeder Ofrenda.

Totentage

Mexico lindo y querido – schönes und geliebtes Mexiko – ist traurig und heiter zugleich. Diesen Widerspruch leben (und lieben) die Menschen in Mexiko. Am deutlichsten zeigt sich das am 2. November, dem Día de Muertos, wenn die Seelen der Verstorbenen zu Besuch kommen. Zu Ehren der Toten werden im ganzen Land Ofrendas aufgestellt, die als Ausdruck tiefer Liebe und Zuneigung zu betrachten sind, mit dem die Mexikaner ihrer Ahnen gedenken.

Neben den erwähnten Blumen gehören auf jede Ofrenda Papel Picado (Scherenschnittbilder) sowie Wasser, Salz, Mais, Kerzen, Copalrauch. Noch heute findet man in vielen Häusern Altäre mit Fotos der Verblichenen und ihren Lieblingsspeisen. Ein Muss für jede Ofrenda ist das erwähnte Totenbrot. Finden sich Zigaretten oder Zigarren, Bier,

Tequila, Pulque, Mole (eine mit Chili gewürzte Schokoladensoße), Hühnchen, Pozole, (Suppeneintopf mit Schweinefleisch) auf dem Gabentisch, so weiß man: der Tote schätzte diese Dinge.

Das heutige Mexiko ist ein Nationalstaat, der mit seinen fast 2 Millionen Quadratkilometern zahlreiche ethnische Gruppen einschließt. Diese zeichnen sich durch sehr unterschiedliche Sprachen und Bräuche aus. Somit sind auch die Totenzeremonien unterschiedlich. Im nördlichen Teil des Landes sind sie fast unbekannt. In einigen Gegenden des Zentrums sind sie besonders ausgeprägt und werden in ländlichen Gemeinden weiterhin gepflegt. Ein Beispiel unter vielen ist der Ort Malinalco im Bundesstaat von Mexiko.

Und so werden in einigen Gegenden Tagetesblüten auf dem Weg vom Friedhof bis zum Haus des Verstorbenen gestreut. Neun Tage lang wird am Familientisch ein zusätzliches Gedeck für den verblichenen „Gast" aufgetragen, das von niemandem berührt wird. Neun Tage darf der „Besucher aus dem Jenseits" verweilen, danach wird er mit viel Getöse und Geklapper vertrieben. Dann muss er sich ein ganzes Jahr gedulden, bis er erneut zum Allerseelentag eingeladen wird.

Bei den alten Kulturen fand der Besuch der Toten am Ende eines landwirtschaftlichen Zyklus – meist gegen Ende Oktober – statt. Sie teilten ihre Ernte mit den Verstorbenen, bevor das Land nach der sechs Monate langen Regenzeit in die Trockenperiode überging.

Als die Spanier im 16. Jahrhundert Mexiko eroberten, verboten sie der indigenen Bevölkerung alle „heidnischen" Bräuche und zwangen sie z. B. auch, ihre Totenfeiern nach christlichem Glauben auszurichten und dessen Riten in den Tagen von Allerheiligen und Allerseelen zu zelebrieren. Doch die Urbevölkerung beharrte auf ihren Traditionen, bis im Laufe der Zeit das Brauchtum beider Kulturen miteinander verschmolz. Der Tod gehört auch heute noch in Mexiko gedanklich zum Leben. Der mexikanische Schriftsteller Octavio Paz schrieb in seinem Buch „Das Labyrinth der Einsamkeit", dass Leben und Tod keine Endpunkte einer geraden Lebenslinie seien, sondern die beiden gegenüberliegenden Pole eines Kreises: „Jedes war das Vorleben des anderen: es konnte kein Leben geben ohne den vorherigen Tod, es konnte keinen Tod geben ohne vorheriges Leben. Die Dualität von Leben und Tod ist essentiell."[1]

In der Nacht vom 31. Oktober auf den 1. November gedenkt man in Mexiko der toten Kinder. Zu diesem Zweck kehren die Seelen der verstorbenen *Angelitos* – der Engelchen – einmal kurz zu ihren Familien zurück. Ihre Gräber werden in der Farbe der Reinheit und Unschuld, mit weißen Blumen – meist Gladiolen, Astern oder Chrysanthemen – geschmückt. Das ganze Jahr über beschützen die Angelitos vom Himmel aus ihre Hinterbliebenen auf der Erde.

Als die Kindersterblichkeit in früheren Jahren höher war als heute, haben während der Kolonialzeit meist wohlhabende Spanier Portraits ihrer dahingeschiedenen Kinder anfertigen lassen. Wer es sich leisten konnte, beauftragte bekannte Künstler für diese Abbildungen. Mitte des 19. Jahrhunderts, als die Fotografie ihren Einzug gehalten hatte, wurden die Portraits der verblichenen Kinder mit der Kamera festgehalten. (Auch so berühmte mexikanische Maler wie José Clemente Orozco, Juan Soriano oder Frida Kahlo haben sich später – im 20. Jahrhundert – dieser Aufgabe gewidmet.)

Wenn es für ein sterbenskrankes Kind nach vielen medizinischen Bemühungen keine Heilung mehr gibt – oftmals waren und sind Schamanen oder Heiler am Werk – finden sich die Angehörigen mit dem Tod ihres Kindes ab.
Auch wenn der Seelenschmerz der trauernden Familie tief ist, bleibt ihnen die Hoffnung, dass der Himmel ihr Kind aufnimmt. Es dient als Vermittler zwischen den Lebenden auf der Erde und dem heiligen Bereich des Himmels. Tod und Trauer stehen nicht im Vordergrund, sondern kehren sich um in Freude, denn es gilt den Eintritt einer reinen Seele ins Paradies zu feiern – dort, wo ein neues, glücklicheres Leben in einer anderen Welt beginnt. Während die Christen für die Seelen der Verstorbenen beten, damit sie aus dem Fegefeuer in den Himmel gelangen, glaubt die indigene Bevölkerung, dass sie sogleich nach dem Tod ins Paradies, in eine bessere Welt eingehen, denn bei ihnen gibt es keinen strafenden Gott.

Unüblich ist es, das verstorbene Kind zu beweinen, denn wenn die Angehörigen tränenreich trauern, berauben sie die *Angelitos* ihres Seelenheils und Gott empfängt sie nicht mit Freuden im Paradies. Da nicht einmal die Mutter um ihr Kind weinen darf, blicken einem auf alten Schwarz-Weiß-Fotos versteinerte Gesichter mit unendlich traurigen Augen entgegen. Doch trotz ihrer Beherrschtheit in der Trauerphase sind die Mexikaner nicht weniger betrübt als andere Menschen auch. Diese Gefühle werden durch eine lange Zeremonie der Aufbahrung und Bestattung kanalisiert.
Für den Eintritt ins Jenseits werden die neuen Himmelsbewohner auf dem Sterbebett festlich angezogen. Diese spezielle Rolle des Ankleidens übernehmen die Taufpaten des Kindes. Zu der feierlichen Ausstattung gehört für die Mädchen auch Schmuck wie Armreifen und Halsketten. Mit Schminke erhalten sie rote Wangen. So schön hergerichtet wird ihnen schließlich eine Blumenkrone aufgesetzt und ein kleiner Wedel oder Blumen in die Hände gelegt. Die Leichname der Jungen sehen wie kleine Prinzen aus. Auch sie tragen Krone, Blumen und Palmwedel. Manche bekommen Spielzeug mit auf die „Reise“.
Während der Ankleidezeremonie zünden die Verwandten erste Knallkörper und die gesamte Nachbarschaft nimmt an diesem geräuschvollen Spektakel teil.

Vor der Bestattung werden manchmal laute Feste gefeiert. In den Gassen und Straßen spielen Musikanten mit Violinen, Gitarren, Rasseln oder Flöten auf. Die Männer spielen Karten und andere Gesellschaftsspiele. Statt der Kondolenz gibt es in Mexiko Festlaune. Dazu gehört auch ausgiebiges Essen und Trinken.
Dieser Totenbrauch entspricht dem mexikanischen Glauben, das irdische Leben sei nur für eine Weile geliehen. Man sei hier auf der Durchreise. Tot geborene Kinder haben bei der Geburt bereits ihr Ziel erreicht.
Die Paten bedecken bei der Bestattung als Erste den Sarg mit Blumen. Dann spielt die Mariachi-Band das Lied „Las Golondrinas" (Die Schwalben) oder „El Adios" (Der Abschied). Die letzten Knallkörper, die für diesen Moment aufgehoben wurden, werden nun gezündet. Das einzige Gebet, das gesprochen wird, heißt „Despedimiento de angelitos" – Verabschiedung der Engel. Dabei werden die Vorzüge des Kindes, seine guten Charaktereigenschaften und außerordentlichen Begabungen gepriesen. Mit dieser Geschichte des reinen Kindes, das glorreich in den Himmel eingeht, verabschieden sich Eltern und die gesamte Familie von ihm. Mit diesem letzten Gebet wird auch die Mutter getröstet, die ihr Kind dem Himmel schenkt. Ausgestattet mit allen diesen Gaben ist es für den Eintritt ins Paradies gerüstet.[9]

Als der kleine Indio-Junge Dimas schwer erkrankte, schickte der Vater nach seinem Taufpaten, Diego Rivera, denn wie es aussah, lag der Dreijährige im Sterben. Anstelle eines Arztes hatte ein Schamane den kranken Jungen behandelt, der nun in den letzten Zügen lag. Dimas gehörte einer Familie von Campesinos (Landarbeitern) an, die Rivera einst für seine Bilder Modell standen. Als der Junge in dieser Zeit geboren wurde, bat der Vater den Künstler Taufpate des neuen Erdenbürgers zu werden. Nun, da das Kind dem Tode nahe war, hatte Diego die Verpflichtung, an das Krankenbett des Kindes zu eilen. Auf dieser schweren Mission begleitete ihn seine Frau Frida und übernahm die Rolle, die ihr als Patin zustand. Frida Kahlo, der die Bestattungsriten der Indios nicht fremd waren, schätzte die überlieferten Traditionen ihres Landes. Sie kleidete den Körper des Jungen nach altem Brauch für seine letzte Reise ins Paradies. Er wurde angezogen und geschmückt wie ein Heiliger. Die goldene Krone besteht aus Pappe und der Umhang aus Kunst-Seide. In seinen leblosen Händchen hält der Tote eine Blume.
Auf dem Gemälde sieht man die kleinen braunen Füße des Jungen, die aus dem festlichen Gewand herausragen: sie sind jedoch nackt. Er liegt auf einer einfachen Strohmatte – Petate genannt – die den Campesinos als Lager dienen. Hierauf werden sie geboren und hierauf sterben sie. Es ist das grundlegende Objekt im Leben eines Campesinos.[7]

El difuntito Dimas Rosas —
a los tres años de edad. 1937.
Frida Kahlo.

In der Nacht vom 1. zum 2. November erinnert man sich der als Erwachsene Verstorbenen und lässt sie am Familienfest teilhaben. Die Menschen freuen sich, den Toten nahe zu sein und teilen mit ihnen das Festmahl, deren Speisen in tagelanger Arbeit in den Familien gekocht, gebacken, geschmort und geröstet wurden.
Die Angehörigen bringen die Lieblingsgerichte der Verstorbenen auf den Friedhof und verteilen sie auf dem Grabstein. Nach Vorstellung der Mexikaner nimmt der Dahingeschiedene die Düfte wahr, und während sich die Toten an den würzigen Aromen gütlich tun, verzehren die Lebenden die mitgebrachten Speisen. Allerdings essen die Trauergäste nicht nur, sondern beten und singen auch – gelgentlich tanzen sie sogar. Und manch ein Mexikaner, der in dieser Nacht nicht auf Musik verzichten will, hat sein Kofferradio mit dabei, das auf dem Grabstein noch Platz findet. Schliesslich fehlt es meist nicht an Mezcal oder Tequila, um sich in der langen und meist kühlen Nacht Mexikos aufzuwärmen.

Totenköpfe oder Särge aus Zuckerwerk und Schokolade sind ein wichtiges Element des Totenkults und werden gerne verschenkt. Für Freunde und Verwandte gibt es lebensgroße Totenköpfe aus Zuckerguss. Sich den Namen eines guten Freundes auf die Stirn zu schreiben, will sagen: „Ich bin dir Freund“ oder „Ich bin dir zugetan bis über den Tod hinaus“.
Nicht nur auf dem Lande, selbst in Mexiko-Stadt begegnet man im November überall diesem Kult: in Privathaushalten, in Firmen und sogar in öffentlichen Einrichtungen, etwa in den Foyers von Theatern und Kinos. Schon Wochen vorher sind Straßenverkäufer mit kleinen Wägelchen unterwegs, an denen Skelette aus Pappmaché, Holz, Metall oder Plastik baumeln, sodass sich jeder für den Día de Muertos mit diesen wichtigen Utensilien eindecken kann.

Als der mexikanische Maler Diego Rivera am 2. November 1938 am „Día de Muertos“ Leo Trotzki einen Besuch abstattete, überraschte er ihn mit einer landesüblichen „Calavera“. Es handelt sich dabei um einen lebensgroßen Totenschädel, der aus weißem Zuckerguss und bunter Verzierung hergestellt wird. Um Trotzki eine besondere Freude zu bereiten, hatte Diego die Stirn des Zuckerkopfes mit der Inschrift LENIN versehen lassen. Nichts Böses ahnend und voller Humor übereichte er sein Geschenk der Leitfigur der IV. kommunistischen Internationalen. Dieser jedoch verstand weder den tieferen Sinn der freundlichen Geste noch den Humor, den Diego Rivera bei der Übergabe des Zuckerschädels an den Tag legte. Mit großem Befremden, gar mit Entsetzen betrachtete er diese seltsame Gabe. Anscheinend hatte Trotzki vorher noch keine Bekanntschaft mit dem Totenkult in Mexiko gemacht und wollte ihn auch nicht kennenlernen. Gleich nachdem der Künstler Diego Rivera das Haus verlassen hatte, beauftragte Trotzki seinen Sekretär, das für ihn makabre Geschenk zu zerstören.[7]

Totenreich

Die Frage nach dem weiteren Schicksal eines Verstorbenen ist vermutlich so alt wie die Erkenntnis des Menschen „zu sein“ und war daher auch für alle mesoamerikanischen Völker der vorspanischen Zeit ein zentrales Thema. Die Maya-Priester versuchten, diesem Rätsel auf die Spur zu kommen und verfassten über ihre Einsichten das Buch des Rates, den Popol Vuh[2], der auch als Bibel der Maya bezeichnet wird. Dort findet man unter anderem eine Beschreibung des beschwerlichen Weges ins Totenreich, dem Mictlan. An diesem Mythos vom Reich der Finsternis orientierten sich alle nachfolgenden mesoamerikanischen Kulturen. Danach wird dem Leichnam sofort nach dem Tod ein Stück Jade in den Mund gelegt, das als Wegezoll den Eintritt ins Totenreich ermöglichen soll. Das erste Hindernis in der Unterwelt ist ein schwarzer Fluss, der ein schwarzes Land durchquert und den der Wanderer erst im dunkelsten Augenblick erreicht. Um unbeschadet über den Fluss zu gelangen, hält sich der Wanderer an einem kleinen haarlosen Hund fest, dem Xolotitzcuitle – auch kurz Xolotl genannt –, der das andere Ufer riechen kann.

Um ins Mictlan zu gelangen, gibt es weitere Hürden zu überwinden: Der Verstorbene muss Landschaften durchqueren, in denen sich Berge einander zuneigen und in einem nicht vorhersehbaren Abstand aneinander reiben und alles, was sich dazwischen befindet, zerstören können. Es gilt eine Kluft zu überwinden, deren Boden aus scharfen und spitzen Obsidianklingen besteht, die ins Fleisch schneiden. Es folgt ein undurchdringlicher Wald, dann ein Gebiet, in dem es unaufhörlich regnet, wobei jeder Tropfen scharf wie eine Pfeilspitze ist. Der Neuankömmling im Totenreich muss ständig vor wilden Jaguaren und giftigen Schlangen auf der Hut sein, denn sie haben es auf sein Herz abgesehen.

Hat der Wanderer der Nacht alle Hindernisse unbeschadet überstanden, gelangt er ins Mictlan, wo ihn der regierende Herr und seine Dame erwarten. Jetzt ist der Augenblick gekommen, in dem er den Jadestein aus dem Mund nehmen wird – sofern er ihn auf seinem Weg bei einem Schrei vor Angst und Schrecken nicht verloren hat. Überreicht er den Jadestein dem Mictlantecuhtli und seiner Frau Mictlancihuatl, werden sie ihn herzlich im Mictlan, dem „Ort der Toten“, willkommen heißen.

Die Auserwählten des Regengottes Tlaloc dagegen, nämlich diejenigen, die durch Wasser ums Leben kommen, aber auch verdiente, tapfere Krieger, gelangen sogleich ins Tlalocan-Reich. Ihnen bleibt der beschwerliche „Weg durch die Finsternis“ erspart. Im Tlalocan, dem denkbar schönsten Ort, wo man ein irdisches Leben voller Freude und Glückseligkeit führt, wo keine Not oder Krankheit herrschen, wo die Üppigkeit keine Grenzen kennt, wird man nach vier Jahren entweder als Menschenwesen, als Pflanze, kleiner Zweig oder als Tier wiedergeboren.

„Im Tlalocan gibt es viel Genuss, viel Überfluss. Es gibt dort kein Leid. Die Maiskolben, die Flaschenkürbisse, die Kürbisblüten, der grüne Pfeffer, die Tomaten, die Bohnenschote, die gelb blühende Tagetes vertrocknen nicht: Dort leben die Tlaloques, die wie Priester sind ... Dorthin gehen diejenigen, die durch Blitz oder Wasser gestorben sind, die Leprösen, die mit Schwären Bedeckten, an Gicht und Krätze Leidenden und die Wassersüchtigen... Es heißt, dass es im Tlalocan immer Frische gibt, immer Erneuerung, immer Grün, das Grün sei überall.“[3]

Der Maler Diego Rivera – Ehemann der nicht weniger berühmten Künstlerin Frida Kahlo – hat das von den Mayas im Popol Vuh überlieferte „Haus der Nacht" (auch „Haus der Finsternis" genannt) eindrucksvoll in sechs Gemälden festgehalten.

Reisebericht von 1864

Die aus Österreich stammende Gräfin und Hofdame Paula Kollonitz, die 1864 zum Gefolge von Kaiser Maximilian und seiner Frau Charlotte gehörte, verbrachte sieben Monate in Mexiko. Diese Reise gehörte, wie sie später sagte, zu den schönsten Erlebnissen ihres Lebens. Über den Totenkult in ihrem Gastland war sie allerdings sehr verwundert. So schrieb sie in ihren Aufzeichnungen über den Día de Muertos:

„… Den Allerseelentag verlebten wir noch in Mexiko; derselbe ist insofern merkwürdig, als er dort mit Fröhlichkeit und, was noch störender ist, mit Frivolität begangen wird, während er doch in allen anderen katholischen Ländern der schmerzlichen Erinnerung an alle Jene gewidmet ist, die wir im Leben lieb hatten und die uns durch den Tod entrissen wurden. Schon mehrere Tage vorher werden Buden auf der Plaza Mayor aufgeschlagen, die sich nach und nach mit Spielwaren und Zuckerwerk füllen. Alles hat aber Bezug auf den Allerseelentag und so sind es kleine Särge, Totenköpfe und Gerippe, Katafalke, Priester mit dem landesüblichen Don Basiliohut, ganze Leichenzüge aus Holz, Zucker oder Kohle, die in allen Dimensionen den Kindern als Spielzeug oder Naschwaren geboten werden. Jubelnd durchziehen diese dann auch die schmalen Gässchen, welche die langen Budenreihen auf dem großen Platz bilden, und machen ihre Einkäufe. In jedem Hause wird nachts ein Tisch gedeckt, auf dem ein derartiger Spielereienkatafalk aufgerichtet und von Esswaren umgeben wird. Kinder und Hausleute sind der Überzeugung, dass, wenn alles schläft, die Toten sich um diesen Tisch setzen und ein Festmahl halten. Wenn es dunkel wird, begibt sich beim Scheine der Fackeln und Laternen die schöne Welt von Mexiko nach dem Hauptplatz, promeniert dort zwischen den Buden und(be)schließt mit Lachen und Scherzen diesen weihevoll ernsten Tag. Überhaupt sah ich nirgends so wenig wahre Pietät wie in Mexiko."[4]

Oaxaca

Im Bundesstaat Oaxaca, mit der gleichnamigen Hauptstadt, werden die Totentage besonders mystisch und voll spiritueller Riten begangen. Die Altäre werden hier außergewöhnlich farbenprächtig geschmückt. Farben spielen bei den Mexikanern überhaupt eine wichtige Rolle und jede Farbe hat ihre besondere Bedeutung: Rot bedeutet Blut – gleich Tod, Gelb ist die Leben spendende Sonne, Grün ist Naturverbundenheit – gleich Leben, Schwarz ist die Unterwelt oder die verbrannte Kohle auf der Erde, zu der der Mensch ja nach dem Tode wird. Die wichtigsten Farben sind daher Rot und Orange-Gelb, womit die Gräber geschmückt werden. Auch farbige, oft sehr künstlerisch gestaltete Sandbilder, die Heiligenbildern gleichen, sind in Oaxaca an den Totentagen zu bestaunen. Sie werden oftmals – nicht nur zu den Totengedenktagen – vor dem Haus eines Verstorbenen geschaffen und bleiben neun Tage lang erhalten. Danach wird der farbige Sand auf das Grab gestreut.

„Unser Totenkult ist ein Lebenskult, wie die lebenshungrige Liebe Sehnsucht nach dem Tod ist. Die Neigung zur Selbstauslöschung leitet sich keineswegs von masochistischen Tendenzen, sondern von einer bestimmten Religiosität ab."[1]

„Die Religion meines Volkes ist tief, so tief wie sein unermessliches Elend und seine Schutzlosigkeit ...“[1]

„Der Tod ist ein Spiegel, der das eitle Gebärdenspiel des Lebens zurückwirft …“ [1]

„Der Tod erhellt das Leben. Für die alten Mexikaner war der Gegensatz von Tod und Leben nicht so unbedingt wie für uns. Der Tod war ein verlängertes Leben und umgekehrt. Somit war er nicht das eigentliche Ende des Lebens, sondern nur eine Phase in einem unendlichen Kreislauf. Leben, Tod und Wiederauferstehung waren Stadien eines kosmischen Vorgangs, der sich unaufhörlich wiederholte. Das Leben hatte keine wichtigere Aufgabe, als in den Tod – als seinen Gegensatz und seine Ergänzung – einzumünden. Der Tod seinerseits war kein Ende an sich: Der Mensch nährte mit ihm das unstillbar gefräßige Leben …“[1]

„Eine Kultur, die den Tod verleugnet, verleugnet auch das Leben …“[1]

„… wird der Sekundenzeiger seine Runden drehen; ein Augenblick wird alles umfassen … Vielleicht wird es möglich sein, zu leben – nach dem Tod.“[1]

Gustav Regler, deutscher Schriftsteller und Journalist (*1898, † 1963), der 1940 ins mexikanische Exil floh und dort seine zweite Heimat fand, schrieb über den 1. November:

„Es ist die Nacht des 1. Novembers. Der Mais ist reif, die Erde gab das ihre. Nun soll sie auch für wenige Stunden die Toten freigeben. Hunderttausende von schlichten Frauen erscheinen auf den Kirchhöfen und verlangen stumm, dass ihnen das Wunder gewährt wird.

Die Frauen verwandelten den Kirchhof in ein helles Gasthaus. Sie stellten Kerzen auf die Tische, griffen Platten aus ihren Körben, legten Brot auf die Blumenblätter, drückten runde Tonkrüge voll mit weißem Pulque in die weiche Erde. Sie brachten keine Gabeln mit; die Seelen hatten auch in ihrem Leben keine gehabt. Die Tortilla war die Gabel der Mexikaner (und ist es immer noch), und Tortillas gab es in hohen Säulen. Griff schon einer danach? Wer sollte danach greifen?

Die Frauen hatten den Tisch gedeckt, nun setzten sie sich zurück auf ihre Fersen, und wie Glocken ohne Klöppel blieben sie stumm vor den knisternden Kerzen sitzen, bis der Morgen graute. Es war eine solche Anziehungskraft in dem schweigsamen Dienst, dass auch wir bis zum Morgengrauen blieben.

Es geschah nichts, was unsere Augen hätte zerstreuen können. Das Bild blieb immer dasselbe, nur die Kerzen veränderten sich, brannten nieder bis zum schwarzen Boden. Sie nahmen sich Zeit dazu. Man hatte überhaupt Zeit, viel Zeit …

Ich sah auf einem Friedhof bei Oaxaca Spielzeuge, die ich nie vergessen werde. Es war Totensonntag, eine Frau kniete vor einem Grab, das breit und von drei Kreuzen bestanden war. Die Frau hatte drei Wiegen mitgebracht, die aus geflochtenen Weiden waren. Um die Wiegen herum setzte sie nun kleine Puppen, kleine Tische, kleine Stühle; auf diese Tische schob sie Teller, neben die Teller Gläser, groß wie ein Veilchenkelch. Dann

öffnete sie einen zweiten Korb und legte überall Speisen hin. Wie eine Königin verteilte sie alles über das dreifache Grab. Sie lachte, wenn sie noch etwas Neues aus der Tiefe des Korbes zaubern konnte. Welch ein Reichtum! Dann war aber der Korb endlich leer und sie setzte sich zurück und sah die drei Puppen an. Sie sah die Gesichter, die sie sehen wollte, und nannte drei Namen, nickte dankbar, wie wenn die Puppen ihr geantwortet hätten, und begann die Mahlzeit".[8]

Totenfiguren

Ein wichtiger Bestandteil der mexikanischen Kultur ist die Arte Popular (Volkskunst). Ein häufiges Motiv darin sind die sogenannten Totenfiguren, die aus den unterschiedlichsten Materialien – wie Pappmaché, Ton, Zucker, Schokolade, Holz oder Metall – bestehen können. Besonders an den Totentagen kommen diese vielfältigen Produkte zur Geltung. Sie repräsentieren alle Bereiche des täglichen Lebens. Einer der bedeutendsten Künstler Mexikos, José Guadalupe Posada (1852 – 1913), war ein Spezialist für Totenfiguren. Er schuf unter anderem die legendäre Figur der Catrina, die an der eleganten Kleidung und dem großen Hut zu erkennen ist, und deren Lächeln den Betrachter aus einem Totenschädel mit schneeweißen Zähnen anstrahlt. Für Diego Rivera war Posada ein wichtiges Vorbild. Deshalb hat er auch die Catrina ins Zentrum eines seiner großen Wandgemälde gestellt.

„Ich, Nezahualcóyotl, frage: Ist man vielleicht wirklich mit der Erde durch Wurzeln verbunden? Nicht für immer auf der Erde, nur eine Weile hier. Auch Jade zerbricht, auch Gold wird zerstört. Auch die Federn des Quetzal gehen entzwei. Nicht für immer auf der Erde, nur eine Weile hier.“[5]

„Die Alten sagten, dass, wenn die Menschen sterben, sie nicht zu Grunde gehen, sondern wieder anfangen zu leben, fast als ob sie aus einem Traum erwachten, und zu Geistern und Göttern werden. Und wenn jemand starb, sagte man von ihm, dass er nun ein téotl (Gott) wäre.“[5]

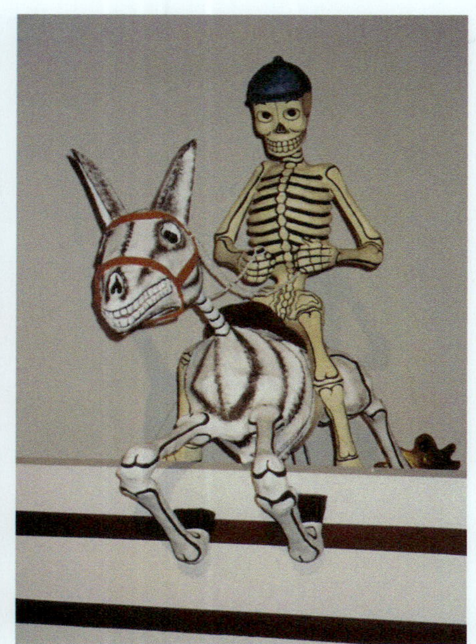

„So wie es stimmt, dass es im alten Mexiko leicht war zu sterben, so ist es nicht minder wahr, dass es schwer war zu leben. Auf dem Leben lastet die ungeheure, niemals unterbrochene Spannung einer Weltanschauung, für die alles Leben eine unendliche Folge von Katastrophen ist, angefangen von der Zerstörung der Welt, mit denen, dem Mythos zufolge, die Schöpfung beginnt; für die die Katastrophe, an irgendeinem Tag, zu irgendeiner Stunde eintreten kann …“[6]

FRIDA

DIEGO

„Der Mexikaner versteckt sich nicht vor dem Tode; er blickt ihm direkt in die Augen, mit Ungeduld, Verachtung und Ironie.“[5]